Б 3593.

APPEL AU BON SENS

DES

LÉGITIMISTES,

PAR UN ÉMIGRÉ DE 1830.

Faites votre devoir et laissez faire aux Dieux.
(CORNEILLE.)

A VERSAILLES,

CHEZ GUIBLET, LIBRAIRE, RUE DE LA POMPE, 45.

ET A PARIS,

CHEZ CH. GOSSELIN, LIBRAIRE, RUE SAINT-GERMAIN-DES-PRÉS, 9.

1842.

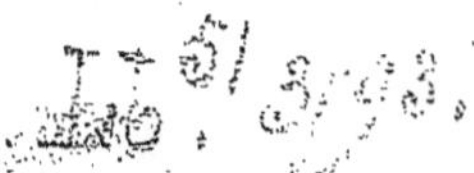

VERSAILLES. — IMPRIMERIE DE MONTALANT-BOUGLEUX.

APPEL

AU

BON SENS DES LÉGITIMISTES,

PAR

UN ÉMIGRÉ DE 1830.

Je n'aime pas cet état de choses ; il blesse mes convictions politiques non moins que mes affections. Je verrais donc avec bonheur triompher un principe qui est regardé depuis des siècles comme la plus sûre garantie de l'ordre ; mais si l'on employait, pour préparer un événement désirable, des moyens qui exposeraient la malheureuse France à une longue et sanglante anarchie, je m'écrierais d'une voix altérée : Résignons-nous ; endurons ce qui est supportable, et *laissons faire aux Dieux !*

J'ai dépassé l'âge de l'action ; hors de la mêlée, vaincu désarmé, simple spectateur aujourd'hui, j'ai plus de sang-froid que ceux qui combattent encore. Eh bien ! je leur prédis que s'ils ne rompent point leur scandaleuse alliance avec les fauteurs du désordre, ils armeront toutes les mauvaises passions contre la société et creuseront de leurs mains la tombe où nous serons tous ensevelis, sages et fous, préservateurs et conservateurs ; je leur prédis aussi que, dans toutes les hypothèses, la France, telle qu'ils l'auront faite, sera ingouvernable, que les plus horribles convulsions déchireront son sein et qu'elle périra la moquerie de l'étranger, si Dieu ne fait surgir du sein de notre armée un de ces hommes qu'il revêt de sa toute-puissance, quand il daigne manifester qu'il tient nos destinées dans sa main.

Je n'espère pas ramener à des idées plus raisonnables les auteurs de ces étranges imaginations. Ils sont trop animés, trop échauffés de leur polémique quotidienne, pour s'inquiéter de quelques prédictions qui sortent d'une bouche inconnue ; ils garderont leur vertige. Ce n'est donc pas à eux que je m'adresse ; je parle aux hommes éclairés et de bon sens qui pourraient se laisser séduire au ton de confiance avec lequel certains docteurs en stratégie politique leur promettent tous les soirs une victoire facile et prompte, s'ils consentent à marcher sous les enseignes de la révolution avec ses armes et sa milice.

Je les prie de me suivre avec attention ; ce que j'ai à leur dire n'exige pas de leur part une grande contention d'esprit. Rien ne sera nouveau pour eux. Je me borne à raviver des souvenirs qui s'effacent peut-être dans l'étourdissement que produit l'action incessante de la presse périodique.

Mon intention, comme on le voit, est d'examiner ce qu'on doit penser de l'alliance des légitimistes avec les révolutionnaires. *J'appelle un chat un chat;* je n'aime pas les subterfuges.

Dans un pays où, depuis cinquante ans, nous avons vu successivement des tyrans ignobles s'enivrer de notre sang et se gorger de nos dépouilles; un soldat heureux les chasser à coups de cravache et avec un sceptre de fer ramener la sécurité dans nos familles ; un roi légitime dédaigner les ingénieuses et fortes conceptions du soldat législateur, faire l'entendu, pondérer les pouvoirs dans une charte, tout brouiller et sentir trop tard qu'il avait mis sur sa tête une couronne d'épines ; son auguste successeur, homme de conscience et d'honneur, imbu de cette doctrine toute chrétienne que les rois sont faits pour les peuples et non les peuples pour les rois, s'efforcer de ressaisir les rênes de l'Etat pour préserver ses sujets des horreurs d'une anarchie populaire, succomber dans cette noble entreprise, abdiquer et laisser aux Français, pour dernier gage de son amour, la brillante conquête d'Alger; enfin les vainqueurs de 1830 mutiler encore la royauté, la désarmer entièrement et fortifier toutes les institutions d'où sortent les vents et les tempêtes, œuvre qui déguise mal le dessein de faire un nouvel essai de république ; dans un pays ainsi tourmenté durant

un demi-siècle, les divers partis qui se souvien-
nent plus de leurs victoires que de leurs défaites,
doivent se maintenir d'autant plus vivaces que les
formes mêmes du gouvernement leur permettent
d'arborer leurs drapeaux et de les défendre avec
vigueur.

Je ne ferai pas ici l'énumération des partis politiques qui partagent la France ; je m'enfoncerais
dans un abîme ; et d'ailleurs mon sujet ne l'exige
pas : je n'ai à parler que des deux partis qui occu-
pent la scène.

Pouvons-nous et devons-nous consentir, nous
légitimistes, à une alliance avec le parti révolutionnaire ?

Je réponds : *Nous ne le pouvons pas moralement.*
Tous les cœurs honnêtes et droits seront de mon avis.

Je réponds encore : *Nous ne le devons pas politiquement,* et tous les bons esprits répondront comme
moi : *nous ne le devons pas.*

J'en suis toujours à m'expliquer comment l'*im-
possibilité morale* d'une alliance si monstrueuse n'a
pas été sentie par des écrivains qui défendent avec
courage et conviction les vraies doctrines religieuses et sociales. Je conçois que, pressés d'en
finir avec ce qui est, ils se soient laissé charmer
un instant par une idée qui flatte leur impatience;
mais les clameurs d'étonnement, parties des
divers points de la France, auraient dû les faire
revenir de leur extase et les disposer à réfléchir

sur la nature et sur la portée d'une pareille alliance. Il n'en a rien été; l'orgueil n'écoute pas,
il s'arrête encore moins; il marche toujours et
tombe, enivré de son vin, jusqu'au fond de l'abîme.

Quoi! c'est à nous, gardiens du feu sacré, du
vieil honneur français, défenseurs de ces opinions
traditionnelles qui ont seules la vertu de fonder
l'ordre, c'est à nous qu'on propose sérieusement
d'agir de concert avec les disciples d'Hébert et de
Marat, de ces misérables qui demandaient deux
cent mille têtes et qui les ont obtenues, avec les
propagateurs de leurs infâmes principes, avec les
apologistes de tous les forfaits de la révolution,
avec ces écrivains qui, trempant leurs plumes dans
le sang, n'en laissent pas tomber une phrase
sans calculer l'impression qu'elle doit produire sur
les cerveaux malades d'un Louvel, d'un Fieschi
et de tant d'autres! Non, non, jamais nous n'au-
rons de rapports avec ces hommes-là; on ne nous
verra jamais, assis à la même table, rompre le
pain avec eux. *Un fleuve de sang nous sépare*; j'em-
prunte cette expression énergique et pittoresque
à *un sage ennemi*.

Ah! jeunes gens, jeunes gens, si la première
révolution avait passé sous vos yeux comme elle
a passé sous les miens, une pareille pensée ne
vous serait jamais venue.

Je le déclare hautement : je renonce à la victoire,
s'il faut l'acheter au prix d'une alliance qui ré-

volte tous les sentiments honnêtes, qui fait rougir la pudeur publique et qui insulte aux mânes de nos pères. Succombons plutôt ; mais, du moins, qu'aucune souillure ne salisse notre belle cause, et qu'au moment de la catastrophe, chacun de nous, levant les yeux au ciel, puisse pousser d'une voix forte ce cri français, ce cri national : *Tout est perdu, fors l'honneur.*

Qu'imagine-t-on pour calmer le frisson d'horreur dont nous sommes saisis et pour vaincre notre insurmontable répugnance? On promulgue cette alliance comme un décret émané du *Gouvernement d'en haut.* Dieu a donc une gazette officielle, un journal qui tient de lui la mission de publier jour par jour les actes de son gouvernement? Cette nouveauté doit beaucoup étonner nos graves théologiens qui, tous, enseignent qu'il n'y a rien de plus caché que l'action de Dieu sur les hommes. Bossuet, le grand Bossuet lui-même, confesse que *la conduite de la Providence est très obscure;* et l'illustre évêque de Nîmes, Fléchier, avoue aussi que *la Providence de Dieu est* CONFUSÉMENT *administrée dans le monde.* Ces beaux génies, ces lumières de l'Eglise décidaient avec modestie ; ils ne tranchaient pas ; voilà comme ils donnaient de l'autorité à leurs décisions.

Mais nous n'avons pas besoin de nous abîmer dans les profondeurs de ce mystère. Une vérité bien constante en théologie comme en bonne philosophie, c'est que toute action contraire à la vertu et à la probité, le mal enfin, ne peut jamais venir de Dieu et de son gouvernement ; le mal entre, à la vérité, *dans l'ordre de la Providence :* Dieu le souffre, mais il ne l'ordonne pas ; s'il l'ordonnait, il ne pourrait le punir.

Je trouve qu'il y a de l'inconvenance et bien de la témérité, et sur-tout beaucoup de danger, à faire intervenir Dieu à tout propos dans les passions humaines ; nous le montrons impatient, lui qui est éternel ; nous lui donnons toutes nos faiblesses, nous le revêtons de notre humanité, nous le faisons à notre image ! Notre Dieu, sortant de nos mains ainsi pétri, qu'on me passe l'expression, est tout-à-fait méconnaissable ; c'est encore un Dieu, j'y consens ; mais ce n'est plus le Dieu des chrétiens.

Je vais maintenaut examiner le projet d'alliance *sous le point de vue politique.*

Dans ces gouvernements singuliers où les pouvoirs sont si bien balancés que le pouvoir n'est dans aucune main, gouvernements qu'il *est très facile de louer,* mais qu'il est *impossible de faire marcher* (TACITE ; *Annales ;* liv. IV, ch. 33), les partis peuvent, comme les États indépendants, s'unir par des alliances. Tant qu'ils luttent contre les hommes en possession de l'autorité, ils doivent respecter de bouche la loi établie, loi d'ailleurs très débonnaire qui permet de manœuvrer sous sa protection; et quand ils sont vainqueurs, leur volonté est toujours l'expression de la volonté générale. Tel est le droit politique de ces gouvernements si prônés.

Les alliances entre les partis sont licites, comme on le voit; et, ce qui est licite, les passions ne sont que trop disposées à le trouver moral. La prudence nous oblige donc à rechercher si l'alliance des royalistes et des jacobins est possible, même politiquement; si elle serait vraiment utile aux premiers; si au contraire elle ne les éloignerait pas du but de leur respectable et persévérante fidélité, et sur-tout si elle ne compromettrait pas, à leur grand regret, la société tout entière; car c'est pour cette société, c'est pour notre France et non pour la satisfaction d'un intérêt particulier qu'ils prient le ciel de favoriser l'accomplissement de leurs vœux les plus chers.

La fin de tout parti est de faire triompher une opinion ou des intérêts.

Aux yeux des royalistes, la légitimité est le bouclier de l'ordre; elle est dans leur cœur comme vérité de sentiment et dans leur esprit comme vérité de raisonnement. Je remarquerai, en passant, que les autres partis n'ont pas le même avantage.

Le parti ultra-libéral ou radical, ou révolutionnaire, ou égalitaire, ou communiste (toutes ces dénominations lui conviennent) ne veut pas, lui, de la légitimité; il ne veut pas même de la quasi-

légitimité, si désarmée, si impuissante qu'elle soit.
Le *quoique* de maître Dupin, le *parce que* de M. Gui-
zot lui déplaît également. La souveraineté du
peuple elle-même lui serait antipathique, s'il pen-
sait, comme quelques rêveurs, qu'elle peut servir
à fonder un gouvernement régulier, protecteur
du bon ordre. Les hommes de ce parti veulent
un bouleversement universel, un *sens dessus des-
sous* complet; à leurs yeux, Robespierre était mo-
déré et même un peu cagot; la reconnaissance
d'un être suprême fait tache dans sa vie. Ils lui
préfèrent *Gracchus Babœuf*, qui demandait fran-
chement la loi agraire; arpenteur de profession, il
entendait le toisé; l'opération aurait été bien faite;
il n'y aurait eu personne de lésé.

Entreprendre de faire marcher ensemble, sous
le même drapeau, les forces de deux partis si op-
posés, c'est une bien étrange fascination. Une alliance est-elle possible entre les théistes et les
athées, entre le génie du bien et le génie du mal,
entre Oromase et Arimane?

Des alliés ont ordinairement un intérêt commun; il n'existe aucun intérêt commun dans l'alliance soumise à la ratification des légitimistes;
bien fin qui l'apercevra.

Quelquefois, les intérêts sont différents, mais
ils ne doivent pas être contraires. Ici, ce sont les
antipodes, à moins qu'on ne suppose que les parties contractantes, après avoir reconnu l'une et

l'autre leur impuissance en agissant isolément, en sont venues à une amiable composition, en vertu de laquelle le drapeau blanc flotterait sur une moitié de la France et le drapeau tricolore sur l'autre. Je défie qui que ce soit d'expliquer la cause et l'objet de l'alliance projetée, sans tomber dans l'absurde.

Les fauteurs de l'alliance, pour la colorer, disent : « Nous aimons la liberté ; les républicains l'aiment aussi ; unissons-nous et nous l'obtiendrons. » Quoi ! il y aurait similitude entre la liberté que désirent les légitimistes et la liberté que désirent les républicains ! ce mot aurait le même sens dans les deux partis ! Vous avez donc oublié que la liberté, comme l'entendent vos alliés, c'est le droit de vivre sans lois ou de faire tout le contraire de ce que les lois commandent. Ce n'est pas, certes, ce droit-là que nous voulons obtenir, et si vous le réclamez en notre nom, nous serons obligés de vous désavouer. La liberté, celle que nous aimons, a horreur de la licence qui en est la plus mortelle ennemie. Avant l'alliance, vous auriez vu les choses du même œil que nous ; aujourd'hui, vous cherchez à vous aveugler sur le caractère et les vues de vos nouveaux amis. Pour rougir le moins possible de votre association, vous avez besoin de vous persuader et de persuader aux autres, que vos associés sont changés, qu'ils ne convoitent plus le bien d'autrui, qu'ils sont devenus les plus honnêtes gens du monde. Vous les réhabilitez dans l'opinion autant qu'il est en votre pouvoir. Jeter la casaque du berger sur un loup, c'est livrer à sa dent tout le troupeau. Voilà le premier fruit de votre épouvantable alliance, et il est tout à l'avantage de vos alliés.

Vous dites encore : « Pour atteindre notre but, nous avons un premier obstacle à écarter ; cet obstacle arrête aussi les ultrà-libéraux ; en votant de concert, les deux partis peuvent espérer la majorité et renverser, à coups de scrutin, ce qui existe. Acceptez donc l'alliance et tranquillisez-vous ; tout ira bien. »

Votre confiance ne me tranquillise pas du tout ; je reconnais cependant que vous avez très bien choisi vos auxiliaires, puisque votre but actuel est de renverser ; ils ont fait leurs preuves ; quand ils sapent un trône, quelle qu'en soit la qualité, ils s'en donnent à cœur joie ; vous pouvez compter sur leur aide. Mais, est-ce bien pour vous qu'ils travailleront ? Après avoir rasé l'édifice, vous en délaisseront-ils le terrain ? Prenez garde ; ils en ont joué d'aussi fins que vous. Tâchez de n'être pas mystifiés comme ces Messieurs de la Droite qui firent défection sous M. de Villèle. Vous rappelez-vous leur ébahissement aux journées de juillet ? Ce n'est pas là ce qu'ils voulaient ; rendons leur justice. Ils furent consternés de voir briser l'ancien trône, et ils reprochèrent vivement à leurs alliés de la Gauche d'avoir enfreint les conditions de l'alliance. Un sourire fut la seule explication qu'ils obtinrent. Du reste, ils sortirent de la mêlée, sains et saufs ; heureusement pour eux, les fruits de la victoire avaient été recueillis par des hommes intéressés à protéger la propriété et à réprimer le désordre. Auriez-vous le même bonheur ?

J'entre maintenant dans votre pensée : vos nouveaux alliés sont convertis ; ils aiment l'ordre très sincèrement, mais l'ordre sous un régime républicain ; et ils sont prêts à exécuter loyalement le traité d'alliance. Vous désirez l'ancienne Royauté ; eux, ils demandent la République. Vous leur avez offert de soumettre ce petit désaccord à un vote général ; ils y consentent, et cela d'autant plus volontiers que ce vote, inconsidérément proposé par vous-mêmes, est une reconnaissance formelle de la souveraineté du peuple. Mécène donnera son vote, Agrippa donnera le sien ; leurs voix ne seront pas pesées, entendez-vous ? elles seront comptées. Ainsi, c'est une multitude illettrée, c'est le nombre, c'est la force qui va trancher une question d'une si haute gravité ! L'ignorance l'emportera sur le savoir, l'esprit faux sur l'esprit juste et les mauvaises passions sur les bonnes ; car la question sera décidée par la majorité. J'aimerais mieux qu'on jouât à croix et à pile le bonheur ou le malheur de la France ; du moins, il y aurait une chance pour les amis de l'ordre ; dans votre plan je n'en aperçois aucune ; et cela ne m'étonne guère. N'enseignez-vous pas que les *questions de gouvernement ne sont que des questions secondaires*, de simples accessoires qu'il est permis de négliger ; *personne ne s'en occupe*. Ce sont des questions d'un intérêt si minime !

Une exclamation qui vous échappe, m'autorise à présumer que ces questions, en effet, vous sont assez indifférentes. *Je serais républicain aux États-Unis*, vous écriez-vous dans un mouvement de coquetterie, les regards tournés vers vos nouveaux amis. J'admire votre flexiblité ; et je vous félicite de pouvoir vous plier avec une telle souplesse aux formes d'une république démocratique, si contrastantes avec celles de notre monarchie.

Je vous aime trop pour vous engager à visiter les Anglo-Américains ; l'ennui, si mortel aux Français, vous saisirait au débarquement et ne vous quitterait plus. Pour mon compte, je me suis beaucoup ennuyé chez eux, et je confesse que je n'ai pas été curieux d'étudier la police de ces tristes animaux ; mais, j'ai le courage de lire tout ce qu'on écrit sur leur pays. C'est un avantage que j'ai sur vous probablement ; car, vous ne lisez guère ; vous n'en avez pas le temps. Écrivant, compilant, endoctrinant tous les jours, vous ne pouvez donner aucun moment à votre instruction. Permettez-moi de vous apprendre qu'il existe un ouvrage de M. Chevalier sur les

États-Unis. Écrivain consciencieux, observateur exact, trop fier pour s'abaisser à flatter les passions du jour, recherchant l'estime et non la vogue, M. Chevalier nous montre les États-Unis tels qu'ils sont en réalité. Dans cette terre classique du libéralisme, malheur à ceux qui ne votent pas comme le plus grand nombre ! Ce sont les parias de la société ; frappés d'excommunication, ils ne sortent de leurs maisons qu'en tremblant et pour se délivrer de la peur, ils finissent par n'en plus sortir. Ils se réfugient dans l'*individualisme*, et, comme le dit M. de Tocqueville, *ils abandonnent la grande société*, la patrie, *à elle-même*.

Et *vous seriez républicain*, dans ce pays où l'excommunication de la minorité est consacrée par les mœurs publiques ! M. Chevalier qui a vu comment les choses s'y passent, en est revenu royaliste et même, je vous le dis bien bas, un peu aristocrate ; je ne serais pas étonné qu'il fût parti de France avec des opinions différentes. Mais, quand il a connu les vexations journalières exercées par le petit peuple contre la classe industrielle et riche, son bon esprit l'a conduit à cette conviction que *la bourgeoisie a besoin d'un trône ou d'une aristocratie pour être protégée contre les masses.*

Revenons à votre alliance. Vous ne vous flattez pas sans doute de renverser dès demain ce qui existe ; vous ne vous aveuglez pas à ce point ; il vous faudra quelques mois, peut-être quelques années. Durant tout ce temps, vous serez obligés de faire assaut de libéralisme avec les révolutionnaires. Vous hurlerez avec eux et quelquefois plus haut pour les rassurer pleinement. Vous vous piquerez de traiter les questions de *liberté, d'égalité*, de *droit commun* et de *vote général* avec autant de profondeur que MM. Cabet et Dupoty ; vous vous apitoierez sur le sort de ces hommes dont *le seul crime est de propager des idées (Gazette de France du 20 décembre 1841)*, sans vous préoccuper nullement des horribles conséquences (¹) de ces idées. Vous ferez de Benjamin Constant le publiciste par excellence; tous les jours vous en citerez des passages pour autoriser l'étrangeté de vos combinaisons politiques ; vous réimprimerez avec éloge les articles des feuilles ultrà-libérales ; vous aurez soin de nous faire remarquer que ces articles s'accordent admirablement avec les vôtres, et vous vous écrierez, en vous signant dévotement : *ô providence!*

Enfin, et cela couronnera l'œuvre, vous en userez librement avec le Pape ; vous le taquinerez comme chef de l'Église, en disant que *l'esprit de saint Bernard semble avoir présidé à la mémorable assemblée du clergé, de 1682*; et vous le pincerez comme souverain, en donnant à entendre qu'il y a de l'opposition entre les doctrines

« (¹) Dans les cas où l'erreur doit avoir de fatales conséquences, dit très bien M. Joseph de Maistre, *celui qui argumente est plus coupable que celui qui assassine.* »

politiques qu'il professait avant de porter la tiare, et celles qu'il suit maintenant (*ibid.*, numéro du 1.er mars 1842, 5.e colonne et le supplément).

Vous croyez peut-être que les deux ou trois colonnes réservées dans votre journal aux doctrines religieuses et monarchiques seront un contre-poison suffisant. Moi, je ne connais pas de contre-poison contre les mauvaises doctrines ; elles-provignent comme les mauvaises herbes.

Les meilleurs esprits ont reconnu que les bonnes doctrines elles-mêmes sont compromises par la discussion. Voulez-vous obscurcir une vérité de toute évidence? Ouvrez un débat contradictoire ; on parlera tant, on raisonnera tant, on controversera tant, que cette vérité s'évanouira devant les sophismes les plus grossiers. Bayle a dit de lui-même qu'il était *un assembleur de nuages*. Aujourd'hui, quelques écrivains remplissent de poussière les yeux de la multitude et lui disent : *Voyez*. Ils se moquent de nous, comme Bayle s'est moqué de ses contemporains.

Je puis vous attester que vos abonnés laissent de côté l'antidote et que leurs cerveaux n'aspirent et ne conservent que le poison de vos mauvaises colonnes. J'en ai fait moi-même l'expérience en France et à l'étranger. En effet, pourraient-ils prendre pour du poison ce que vous leur offrez comme une panacée ? *Je l'ai trouvée! je l'ai trouvée!* Ce cri d'Archimède dans l'ivresse d'une découvérte, ne le répétez-vous pas sans cesse? Rien n'est contagieux comme l'exaltation, même quand elle est faite à froid.

Ne les catéchisez-vous pas tous les jours pour qu'ils se défassent de leurs *fâcheuses* préventions contre les rénovateurs des idées de 93? Ne leur dites-vous pas jusqu'à satiété que ces hommes se rallient aujourd'hui à nos doctrines, qu'on peut causer avec eux, qu'ils sont même de bonne compagnie. Sur votre parole, nos jeunes gens qui s'ennuient, les bras croisés, en attendant l'événe-ment que vous montrez en perspective, se préci-pitent dans le camp ennemi; pardon, je voulais dire *ami.* Cette distraction est excusable; la guerre a été longue et la paix est de si fraîche date! Les jeunes légitimistes sont bien accueillis; l'amabilité est un fruit du sol. On se plaît de part et d'autre; on regrette de s'être méconnus si long-temps; on promet de se revoir et bientôt on se cultive. Qui gagnera dans ce commerce? ce sera très certaine-ment le parti du désordre. Le mot de *liberté* avait je ne sais quoi de magique pour l'oreille austère de Bossuet; le cœur de Fénelon le plaçait dans son Utopie; et, de nos jours, un jeune homme nourri dans l'horreur des révolutions, qui a trouvé sous le toit paternel une éducation forte et reli-gieuse, et qui, dans des écrits pleins de sève, lutte contre ses erreurs avec une force d'arrêt très remarquable, M. de Tocqueville ne craint pas de rendre des hommages publics à la liberté ; son ame jeune et pure l'adore comme une vierge sans tache. Pouvez-vous espérer que notre jeunesse ne s'en éprendra pas aussi ? Résistera-t-elle quand M. de Tocqueville succombe ? Avant l'alliance, le seul mot de *liberté*, inscrit sur la bannière des ultrà-libéraux, aurait inspiré à notre jeunesse un salutaire effroi ; elle savait quels sinistres desseins ce mot couvrait ; à présent, elle l'entend sortir de leur bouche sans épouvante. Grâce à vous, ce mot n'a plus un sens effrayant.

Insensés ! vous avez donc perdu l'instinct de votre propre conservation ? Par quelle fatalité avez-vous oublié que les souvenirs de 93 et la terreur qu'ils réveillent, sont notre unique sauve-garde contre le désordre, plus favorisé que contenu par les institutions qui nous régissent depuis la chute de Buonaparte ?

Voulez-vous connaître le résultat immanquable, l'effet nécessaire de l'alliance monstrueuse dont vous nous entretenez avec une insistance si affligeante ? Interrogez notre histoire ; elle vous répondra que les partisans des nouveautés en retirent tout le profit et que les défenseurs des choses anciennes n'en retirent que du dommage et de la confusion. Saulx-Tavannes remarque dans ses Mémoires que *tous les maux de la France viennent de son alliance avec les puissances protestantes*. Les deux camps se mêlaient ; les seigneurs protestants, riches des dépouilles du clergé, déployaient un plus grand luxe que les nôtres : « Faites comme nous, leur disaient-ils; secouez le joug de Rome; prenez les biens de votre clergé; vous serez riches aussi. » Nos seigneurs étaient sortis de France ardents catholiques; ils y rentrèrent zélés réformateurs.

Les Anglais, avant le règne de Charles Ier, envoyèrent du secours aux calvinistes français. *Ils les aidèrent à souffler le feu;* et *de ce feu*, observe encore Tavannes, *est sortie la flamme qui a embrasé l'Angleterre pendant quarante années.*

Qui ne connaît les suites funestes de notre alliance avec les colonies anglaises, insurgées contre leur métropole? Nous avions, il est vrai, des motifs légitimes d'animosité contre l'Angleterre. L'honneur français n'ajourne pas la vengeance; le ministère fut entraîné; nos régiments traversèrent l'Océan; ils étaient presque tous commandés par des colonels de la Cour : vaine précaution! soldats, officiers, généraux, tous furent atteints de l'épidémie; à leur retour, ils nous prêchèrent les droits de l'homme. Les courtisans eux-mêmes (j'en ai entendu) nous débitaient, avec la persuasion sur les lèvres, que la noblesse était une institution contraire au droit naturel et que les décorations, celle de Cincinnatus comprise, blessaient l'égalité. Ils nous poussèrent à la révolution et nous aidèrent, nous autres bourgeois, à faire table rase. La royauté disparut, et la noblesse et la bourgeoisie également. Nous eûmes les saturnales de la Raison, l'aimable Terreur, le maximum, la famine et la banqueroute. Tels ont été les fruits déplorables de l'alliance d'une vieille monarchie avec une jeune république dans la fièvre de la liberté et de l'égalité.

L'infortuné Bailly, effrayé de cette fièvre qui avait saisi toute la nation, jeta un cri d'alarme, dès l'année 1779 : « Gardez-vous des révolutions, nous disait-il dans ses *Lettres sur l'Atlantide*, elles ont des pieds de fer et d'airain ; elles écrasent tout ce qu'elles rencontrent. » On croit entendre le prophète Jérémie. Personne ne tint compte de l'avertissement, pas même celui qui le donnait.

Ainsi, cette alliance entre les opinions les plus discordantes, entre les doctrines qui conservent et les doctrines qui détruisent, a déjà fait fondre sur notre France de longues et cruelles guerres civiles et une révolution plus terrible encore. Peut-on croire qu'il en sera autrement à une époque où *la société, privée de principes, n'a plus d'harmonie ni presque de cohésion?* « L'unité de di-
« rection, dit le journal protestant le *Semeur*, en
« développant cette assertion, y devient impos-
« sible, faute d'unité de croyance. Le relâche-
« ment de tous les liens, mille tendances antago-
« nistes, d'innombrables partis qui se fractionnent
« de plus en plus, les intérêts se substituant aux

» devoirs sous le nom de droits, l'ambition d'un
« côté, l'insubordination de l'autre, toutes les
« passions déchaînées sur le monde, *l'impuissance*
« *des perfectionnements industriels et politiques à*
« *assurer le bien-être qu'on s'en promettait;* toutes
« ces causes et une foule d'autres semblent ne
« laisser d'autre alternative que l'anarchie ou le
« despotisme; on croit marcher sur des abîmes. »

Voilà l'état actuel de la société, dit la *Gazette de France* dans le numéro du 5 juillet 1840, où elle donne ce passage du *Semeur.*

C'est à une société si malade, de votre aveu, qui ne sait à quoi se prendre, travaillée d'une fièvre chaude qui la précipite dans l'anarchie, que vous osez proposer une alliance où toutes les chances favorables sont pour les mauvaises passions ! Aveugles que vous êtes ! vous ne voyez donc pas que vous portez le coup de grâce à cette société mourante ?

Encore une réflexion : Dieu veuille qu'elle vous ouvre les yeux. Par le fait de votre alliance, votre position est devenue tellement fausse qu'elle vous oblige, comme je l'ai déjà observé, à soutenir deux doctrines qui diffèrent autant que le jour et la nuit, la légitimité et la souveraineté du peuple, à les mêler et à les confondre ensemble. Tous les soirs, après la lecture de votre journal, vos abonnés éprouvent une sorte d'étourdissement ; ils ne savent plus ce qu'ils doivent penser ni à quoi ils doivent s'affectionner ; vous portez le trouble dans l'esprit et l'indifférence dans le cœur; vous glacez le sentiment monarchique, au lieu de le réchauffer; ceux qui vous lisent, cessent d'être les sujets d'un roi, ils n'en sont plus que les serviteurs. La couronne, sortie de votre suffrage universel, en supposant qu'elle en sorte, n'aurait pas même la valeur d'une couronne parlementaire; elle ne vaudrait pas les frais d'un voyage; aucun prince ne serait assez fou pour en charger sa tête.

J'ai l'intime conviction que les légitimistes n'accepteront pas le projet d'alliance avec le parti révolutionnaire, et qu'ils chercheront un mode d'action plus sage et moins alarmant pour la France. Mon intention est de hasarder incessamment quelques idées sur celui que l'on pourrait adopter; je m'attacherai dans ce travail à ménager les intérêts moraux et permanents du pays. On reconnaîtra, je l'espère, que je n'ai pas la prétention d'imposer ma manière de voir. Le ton doctoral ne sied à personne, et je suis loin de penser, comme certain journaliste, qu'en parlant au public *on exerce réellement une magistrature.*

FIN.

www.ingramcontent.com/pod-product-compliance
Lightning Source LLC
Chambersburg PA
CBHW051159050726
47594CB00007B/2970